AF392182

David Sala Iglesias

CASI CIEN FLECHAZOS DE CUPIDO

EDITORIAL
Letra Minúscula

Primera edición: enero de 2021
ISBN: 978-84-18640-24-7
Copyright © 2021 David Sala Iglesias
Instagram: @davidsalaiglesias
Fotografía de portada y contraportada hechas por Marina Julman
Maquillaje hecho por Andrea Cucala Bilbao
Editado por Editorial Letra Minúscula
Instagram: @julmanstudio
Instagram: @qukart
www.letraminuscula.com
contacto@letraminuscula.com

Índice

Para aquellas personas que no me conozcan o no demasiado...

Recuerdo que con trece años ya escribía mis canciones de rap que nunca llegaron a nada... Pero fue unos años después cuando alguien me abriría las puertas a la poesía.

Un compañero, en mi primer trabajo con dieciséis años y ningún plan trazado para esta vida, me invitó con él y los demás a tomar una birra para conocernos mejor entre todos. Me contó que había vivido de aquí para allá y que había escrito un libro de poesía, varias obras de teatro y que había viajado un montón. A los pocos días hice amistad con él y me sugirió que fuéramos juntos a un recital de micro abierto en un local escondido entre los callejones del barrio de Paralelo en mi querida Barcelona.

Cabe aclarar que siempre fui un chico muy vergonzoso y no sabía qué hacía allí; ¡yo en un local de micro abierto con tanta gente que me podía juzgar! Pues a medida que mi compañero recitaba, yo iba poco a poco entrando en un espacio ausente y en blanco que no sabría cómo explicar mejor... Y empecé a sentirme identificado con cada una de las palabras que él iba soltando, hasta que me pasaron el micro y todo el mundo me miraba.

No sabía qué decir ni por qué había llegado ese micrófono a mis manos, pero ya estaba allí y no iba a decepcionarme a mí mismo... Así que solté las dos primeras palabras que me rondaron en ese instante, "nunca volvió", y ese momento quedaría para siempre en mi mente marcando un antes y un después en mi vida.

Gracias a esa pequeña decisión, hoy puedo presentaros este desnudo emocional que tanto significa para mí y no puedo hacer más que daros las gracias a todos los que estáis leyendo o escuchando esto y sobre todo a Víctor, mi referente. "Un libro usado tiene más valor que uno nuevo, por la historia que lleva en cada página".

Agradecimientos

En primer lugar quiero dar las gracias a todas esas personas que siempre han estado a mi lado apoyándome en cada proyecto que se me ha pasado por la cabeza.

Este libro va especialmente dedicado a mi querida "yaya Trini", quien ya no está para leerlo, pero que siempre permanecerá en mi corazón y seguirá desde allí donde esté, ayudándome a forjar mis valores. Te quiero muchísimo, yaya, vuela alto.

Gracias por todas las experiencias que la vida me ha regalado, porque de ello han salido todos estos sentimientos que hoy tú puedes leer y con los que puedes sentirte identificada/o.

A mis padres y a toda mi familia, por darme la vida que hoy tengo y que no cambiaría por nada en el mundo.

A Jordi, quien poco a poco me ha ayudado a ir perdiendo toda vergüenza a comerme el mundo.

A Marina Julman, quien empezó siendo la fotógrafa de un casting para una marca propia de ropa y pasó a ser una amistad y ejemplo de vida, disfrutando cada segundo de aquello que hace con gran simpatía.

A todo el grupo de amigos con los que puedo contar hoy en día por abrirme un lugar en el que cobijarme cuando todo parece perderse y que son quienes le dan ese toque especial a las cervezas en pleno centro de Barcelona. No puedo decir otra cosa que gracias. Por ser quienes me hacen como soy y por estar a mi lado.

Y al sinfín de personas que están conmigo.

Gracias también a la ciudad que me ha criado y me ha visto crecer, mi querida Barcelona.

Información de interés

En algunos de los textos que se han usado nombres, para nada son los nombres reales de las personas a las que van dedicados.

No es mi intención hacer sentir mal ni ofender a nadie con mis poemas, trato de atraer a toda esa gente que en su día se sintió como yo y con ello conseguir que se sientan identificados, se desahoguen o simplemente se entretengan.

En algunos casos se mezcla la realidad con algo de ficción, cabe decir que todo se ha escrito desde mi humilde punto de vista y desde mi forma de pensar que puede parecerse a la del propio lector.

"*Náufrago de tus pupilas que
se ahoga entre tus lágrimas, con
un último suspiro le pido al cielo
que te devuelva la sonrisa*"

\- David Sala Iglesias -

Casi cien flechazos de Cupido

A diez mil decibelios

Por mucho dolor que me cause, cerraré los ojos por aquello
que dicen de "ojos que no ven, corazón que no siente".

Le diré adiós a las historias ya contadas y le daré la espalda
a todo aquello que en su día no supiste decirme a la cara.

Te olvidaré de la mejor forma que se me ocurre,
embarcando en un barquito de papel sin vela ni timón y con
un remo por arma.

Sin rumbo y de cara a la tormenta, viviré como mejor se me da.

De espaldas al pasado y con vendas en los ojos para no ver
el futuro y disfrutar de la aventura que se supone que es la
vida.

Saldré a la calle los días de tormenta,

para reírme del mundo a diez mil decibelios.

Seré joven hasta que la melodía de mi pecho deje de sonar.

Y bailaré por mí y por todos aquellos que en su día se
rindieron antes de empezar.

Solo pienso en cerrar los ojos, abrir las alas y volar, pero volar lejos como pájaro que emigra.

Lucharé, pero lucharé por mí y por los míos, no por ti, tampoco daré la cara por aquellos que solo piensan en su beneficio, porque egoístas sabemos ser todos.

Y te pido por favor que no te pongas en mi camino e intentes detenerme porque voy sin frenos, y me importa una mierda pasarte por encima. Lo digo por aquello de que "el que avisa no es traidor", así que... sin rencor.

Sonrisas y lágrimas

He oído por ahí que no hay que mirar atrás para seguir adelante, pero aquellos que tanto frasean, ¿saben lo que es tenerte a ti en su pasado? Porque a riesgo de sonar cursi y repetitivo, diré que prefiero tenerte de salvapantallas antes que observar la puesta de sol en la playa una cálida tarde de verano, prefiero cerrar mis párpados como el que cierra las cortinas y se aísla del mundo, para recordar tus ojos antes que ver la aurora boreal. Hace ya un tiempo que dejé de observar tus fotografías, para cicatrizar cada una de mis heridas, pero como aquellos que intentan dejar de fumar, he vuelto a caer en la tentación, y lo cierto es que no me arrepentiría de volver a posarte entre mis labios y aspirar de nuevo tu adictiva fragancia.

Y constantemente me pregunto por qué ahora soy incapaz de querer a alguien de nuevo si son varios los años que hace que nos alejamos.

No me atrevo a mirar a otra chica a los ojos por miedo a perder el recuerdo de tus miradas, y aunque cueste creerlo, no puedo quitarme de la cabeza aquella sonrisa tímida con la que me observabas cuando hablaba. Y la gente lo llamará obsesión, pero pocos saben lo que es sentirse como una mierda y querer desaparecer del mundo sin dejar pistas y que, de repente, aparezca alguien que con solo una mirada iluminada y una leve pero profunda mueca de alegría, te borre todos tus males y te haga desear salir a la calle y gritarle al mundo lo fuerte que te sientes. Decirles a tus enemigos que no te vas a rendir y ¿por qué no?, que les jodan a todos ellos y que te miren con envidia ya que has encontrado la clave para enfrentarte a la vida, y que esa clave se llama amor... Y creo que nunca me hubiera imaginado lo mucho que me calaste, aunque sigo y seguiré sin arrepentirme de haberme acercado a saludarte y a decirte lo mucho que me alegrabas la vista aquel diez de mayo del dos mil trece en aquel banco del paseo en el que tanto rato estuvimos hablando y riéndonos aunque ninguno dijera nada...

Y sé que probablemente nunca llegarás a leer estas palabras, pero aun así te las dedico ya que una de las muchas cosas que aprendí de ti fue a no perder nunca la esperanza.

Eres

¿Te lo he dicho alguna vez? Me refiero a lo mucho que te quiero. ¿No? ¿Seguro?

Ya pues... Esto va para ti, y aunque no sé si llegará el día en el que mis palabras sean leídas por tu susurro interno, te juro que detrás de cada una de ellas hay lágrimas de alegría.

No sé si pensarás en mí y en nuestras tardes de locura, en las que me moría de ganas de mordisquearte los labios y besarte dulcemente el cuello, pero te aseguro que yo las recuerdo cada día, a cada hora, en cada minuto y durante cada segundo de los que pasaron desde el día que te perdí, y sí, no puedo evitar sonreír y sonrojarme al recordar que tuve a una persona que con solo mirarme me invitaba a desconectar de la vida y vivir así un sueño, y no sé si para ti era el mismo sentimiento, pero lo cierto es que no me preocupa, ya que gracias a ti viví sensaciones únicas que hoy repetiría sin duda alguna.

Al día de hoy, como el resto del mundo supongo, me arrepiento de muchas cosas la verdad, aunque hay una cosa que me mata no haber hecho y es que jamás supe dictarte lo mucho que para mí significabas y significas así que...

Te lo escribo en una carta que supongo jamás leerás.

Para mí eres muchísimo más que el encantador escalofrío que recorre mi espalda la primera madrugada de invierno,

Eres más bella que un camino de cerezos que florecen a las puertas de la primavera,

Eres tan apasionada como el paseo de dos enamorados por la playa una noche de verano,

Y eres tan agradable como el crujido que hacen las hojas caídas al pasar mis pies por encima en una tarde otoñal.

Fuiste y siempre serás el cielo estrellado que observo entre sonrisas, eres el suspiro melancólico que brota de mis pulmones tras cada recuerdo de los que tengo a tu lado, y eres la nube que me eleva en cada sueño.

No sé a dónde fueron esas palabras que el viento se llevó en su momento, pero te aseguro que buscaré la solución, para trazar una recta desde mis labios hasta tu corazón.

PD: Te quiero. (Aunque eso ya esté muy visto).

Carta de sinceridad

Son muchas las escenas que veo al cerrar los ojos, y lo curioso es que en todas las secuencias grabadas que tengo en la mente sales tú, y no te voy a mentir, cada vez que te recuerdo se me escapa una sonrisa disfrazada de lágrima, porque a pesar de lo que pasó jamás olvidaré lo que me enseñaste, ni las sensaciones que me hiciste vivir, ¿te acuerdas?...

Hasta el día que te conocí pensaba que no era posible sonreír en un día de tormenta, creía que los sueños se quedaban en la infancia y que las lágrimas solo podían ser de tristeza.

Me conociste en una época algo complicada de mi vida que ahora no quiero recordar, y lo cierto es que de no ser por ti no habría vivido ni la mitad de emociones que hoy son necesarias para sobrevivir en mi día a día.

Puede que no lo parezca, pero hoy te escribo esto para recordar lo que es una sonrisa sincera, ya que contigo se fue hasta la más mínima que guardaba en mi interior, lo que me recuerda el motivo principal de esta "carta" que te escribo sin ánimo de entregarte, ¡¡¡GRACIAS!!!

Tengo que darte las gracias por enseñarme a sonreír, gracias por devolverme la ilusión de los sueños, y sobre todo gracias por enseñarme a vivir sin preocuparme del tiempo a la par que aprovechar hasta el último segundo recorrido por las manecillas del reloj.

No sé si aguantaré escribiendo sin que al menos broten un par de lágrimas de mis fríos párpados para emborronar cada palabra.

Lo que sí sé es que solo tú has sido quien ha llegado a conocerme realmente y sabes perfectamente lo mucho que me cuesta mostrar con palabras lo que siento, por eso te lo comunico a través del bolígrafo y el papel.

Solo me queda decirte que lo siento, siento no haberme atrevido a darte la llave de mi corazón y confiar en que lo protegerías... Y siento mucho más haberte dado la espalda desde el otro lado del teléfono, fui cobarde como un caballero que le teme a su espada.

Lo difícil es olvidar

Rozar tu figura contorneada y resplandeciente, besar tus
labios húmedos y cálidos, ignorar esa mirada iluminada y
olvidar las mil historias vividas a tu lado es lo que necesito
para seguir con mi camino pero no puedo...

No puedo seguir siendo aquel chico de quince años que
vivía de tus recuerdos. No puedo seguir viendo el recuerdo
de mis recuerdos basados en tus deseos. Ya no hay alegría
en mi mirada, solo lágrimas que salen de dos párpados
desanimados,

Ya no sale de mi ser querer a nadie que me dé cariño y
simpatía, solo ando cada noche bajo las nubes sin ver
estrellas y sin armonía,

Cuando no creo que sea tanto pedir que al menos uno
de mis llantos sea de alegría. No puedo olvidar meses de
pasión en solo un día,

No, no me sale ser tan frío como para no aceptar que fuiste
y eres parte de mi vida,

No puedo seguir llorando día tras día por la misma caída,

Y debes aceptar que tú también creías que en este viaje solo
existía el billete de ida,

Pero creo y sé que ya es hora de volver al punto de partida,

Al punto en el que se bifurcan nuestros caminos,

Y coger cada uno el nuestro.

Porque besos y caricias encontrarás en cada bar aunque
sean de falsos suspiros,

Y por mucho que me cueste yo también tengo que desplegar
mis alas y planear lejos de nuestro nido,

Porque ya son años los que llevo intentando repetir una
historia que ya he vivido.

Son años intentando sin victoria olvidar esos besos que me
abrían mundos,

Olvidar las conversaciones que me transportaban al paraíso,

He intentado olvidar trocitos de mi vida, que son su base,
por lo que si los quito se cae.

He oído por ahí tonterías como: "si la quieres déjala ir",
"no hay mal que por bien no venga" o "toda herida termina
cicatrizando", pero eso muchos saben que no es cierto...

No existe una frase que cure un corazón roto, simplemente hay que aceptar que ese tiempo ya ha pasado y no va a volver.

Leve historia entre dos

—Cariño, ¿estás bien? No sé, te noto rara, no me has hablado en todo el día y apenas te has reído de mis tonterías. Me cuentas qué te pasa, ¿por favor?

—¿No recuerdas que día es hoy? O mejor dicho era. Se supone que hoy era nuestro día, el día de los enamorados, hoy es San Valentín y ¡ni siquiera me has regalado una miserable rosa! ¿Es porque ya no me quieres? ¿O es que tus poemas y tus novelas son más importantes que yo y por eso no te has acordado?

—Joder, no, cariño, ¿era hoy? ¡Ppfff! Lo siento, mi amor, ¡lo olvidé!

Olvidé que había un día específico para demostrarte que te quiero, no sabía que el amor se demostraba regalando rosas y bombones una vez al año porque un hombrecito con pañal y flechas de juguete llamado Valentín así lo quisiera.

Yo prefiero seguir haciéndolo a mi manera y hacer que cada día sea el día de los enamorados, despertarte cada día con un beso en la frente para demostrarte que estoy a tu lado porque te quiero y quiero cuidarte, hacerte reír antes de salir de casa para que empieces el día con una sonrisa, prepararte más de mil comidas, y muchísimas más cenas de película. Llevarte de compras, pasear a la verita del romper de las olas, ir al cine, ir al teatro, a la ópera, a un museo o a observar un lago durante un atardecer otoñal, quiero hacer todas estas cosas y más, día tras día hasta el final de nuestra vida y me faltarán días para demostrarte el amor que siento por ti, que tan grande es que ni en cien universos cabe. Quiero arrodillarme en medio de un campo de fútbol y recitarte micro en mano un poema de Lope de Vega, quiero besar tu cuello y notar cómo se te eriza la piel, quiero sentir tu calor al abrazarte entre las sábanas una fría noche de invierno, quiero ser cual caballero de gruesa armadura y blando corazón que te rescata de la torre para llevarte más allá del horizonte y quiero ser el hombre que te quiere y te lo demuestra cada día porque no le hace falta un día específico para amarte.

Mi pequeño y gran recuerdo

Amanece un día más, al despertar me acerco al ventanal
del salón, y como cada mañana desde hace un año paso las
horas mirando a través del cristal, salpicado ahora por las
gotas de una tormenta veraniega. Y cada día que pasa me
sorprendo más y más, pero no por lo que pasa en la calle,
no, la calle ni siquiera la veo, me distraigo con imágenes de
recuerdos que se me proyectan en la ventana como si fuera
una pantalla de cine, imágenes de aquella chica que me
cambió la vida mientras estuvo a mi lado.

Semanas después de terminar nuestra historia, solía cerrar
los ojos y pensaba en los rincones del pueblo en los que
le besaba el cuello, o en aquel banco en aquel parque
en el que le dije "te quiero" por primera y única vez.
Y hoy aún sigo visitando el árbol en el que escribimos
nuestros nombres rodeados con el típico corazón y
profundizando un minúsculo "PARA SIEMPRE", lo
que hoy veo como algo gracioso a la vez que irónico,
pero soy incapaz de observarlo más de dos segundos sin
perder involuntariamente alguna que otra lagrimilla...
Sigo recordando aquellos paseos por el pueblo en los que
entre risas y besos creábamos sinceros abrazos de película.
Últimamente ya no miro a las chicas a la cara porque tengo
miedo, miedo de verte a ti reflejada en sus ojos, o de ver tu

sonrisa en otra chica y enamorarme otra vez, cosa que no quiero porque crearía nuevos recuerdos en los que tú no sales.

Cada día que pasa y cada recuerdo que veo me hacen sentir más idiota, idiota por dejarte escapar, y perder así a esa persona que, cuando nada tenía sentido para mí, apareció y me dijo: "Tranquilo, no quieras vivir más rápido para sufrir menos, estoy a tu lado y juntos viviremos la vida".

Pues aún me empapo las mejillas cada vez que recuerdo sus palabras, sobre todo porque fui yo quien cambió de rumbo, tenía miedo de que me rompiera el corazón y decidí esconderlo en algún lugar que ya no recuerdo, y no me sé perdonar por ello porque ambos rompimos con palabras, pero fui yo el que se fue distanciando a lo largo del camino. Pero en fin, ya ha pasado un día más y sinceramente tengo dolores en la cabeza de tanto recordarla, así que por hoy ha terminado, quiero despedirme pero tendré que hacerlo a través del viento y desear que se cruce con sus oídos ya que para mí está en paradero desconocido.

PD: sé que ya no es el mejor momento para decirlo pero, puesto que nunca es tarde, quiero que sepas que TE QUIERO.

Un libro llamado tiempo

Hace años que vivo sin pensar en lo que hago y sin saber a dónde voy, hace meses que pregunto sin darle importancia a las respuestas, semanas atrás creía que lo difícil era imposible, pero solo hace unos días que miles de preguntas me ocupan la cabeza. Preguntas que nunca antes me había planteado. Como por ejemplo:

Quién me diría a mí que un segundo serviría para oír balbucear esas encantadoras palabras del silencio, o que un beso espontáneo de apenas unos segundos podría permanecer en el recuerdo toda una vida, quién imaginaría que de 24 horas ocho las pasamos durmiendo, otras tantas trabajando, cuatro o cinco más descansando y las otras tres comiendo. Pues aunque cueste de creer es cierto que no nos quedan ni cinco minutos para disfrutar, al menos hasta que te das cuenta de todo eso. Solo entonces fue cuando empecé a vivir, a soñar, a imaginar momentos a tu lado bailando un vals o recorriendo un salón con los hermosos pasos de un tango. Solo entonces empecé a detener el tiempo sentado en el sofá del salón con una copa de whisky en una mano y un cigarrillo en la otra, mientras miro por el cristal mojado por la lluvia sin observar nada, con la mirada perdida y la mente activa, pensando en el "por qué" de las cosas, y en el "por qué" de tu ida. No puedo mentir y decirte que no te añoro porque puedes mentir a los demás, pero jamás podrás mentirte a ti mismo.

¿Y por qué todas esas preguntas?, me dirás, pues porque un día alguien me preguntó "¿Qué es el tiempo para ti?". La pregunta más sencilla y a la vez más complicada de responder.

Pues el tiempo, amigo mío, es el libro en el que está escrita tu vida, así que no pases las páginas sin haberlas leído antes.

Entre mente y corazón

No me voy a basar en promesas pues no siempre se cumplen.

He intentado ya de mil formas contar las veces que me dije que lo haría,

Son tantas las mentiras que le dije a mi reflejo que ya no aparece,

Lloré de tal manera que ni mil agujas podrían reproducir dolor semejante,

Bromeaba diciéndome que nada era real, hasta tal punto que me lo creí,

Necesitaba un diez, y me conformé con un cinco,

Y aunque nunca lo dije, siento el mismo dolor que tú,

Solo que mi mente vive apartada de mi corazón, y es mi corazón el que no entiende de lógicas.

Palabras por el viento…

Seré volátil el día que me demuestres tus palabras con hechos, te diré que te amo el día que las palabras que el viento me robó se crucen con las que te robó a ti, no te diré que te quiero y lo mucho que eres para mí porque ya te lo dije una vez y con eso basta. No diré que prefiero rollos de un día porque son mejores, ya que soy incapaz de ocultar la belleza de un amor eterno frente al vacío que deja uno momentáneo, lo siento, no te diré lo mucho que te amo más de dos veces, solo esperaré a que te des cuenta de que mis palabras no son solo palabras. Porque le daré tiempo al tiempo pero no esperaré de brazos cruzados porque yo soy hombre y tú mujer y encantado estaré de darte placer cuando me lo pidas, pero en mi sueño permanece la ilusión de envejecer a tu lado observando tu rostro y tu cuerpo esculpido entre curvas hermosas de princesa de cuento, porque no te diré que te quiero cuando ya lo sabes, porque junto a ti el tiempo pasa volando entre llantos y alegrías que pasaríamos entre nuestros hombros, te demostraría que contigo estoy feliz o que estoy loco por ti, pero eso implica tiempo y a tu lado pasa volando, por lo que prefiero pasarlo entre tus brazos haciendo el amor a los pies de la hoguera tumbados en la alfombra del salón o entre llantos tras una película romántica, porque amar es vivir y vivir no se puede si no estoy a tu lado. Te diría el amor que siento pero prefiero expresártelo, porque una imagen vale más que mil palabras, y si a tus palabras se las lleva el viento a las mías te aseguro que no. Porque de ti estoy enamorado y todo lo daría por permanecer a tu lado en lo bueno y en lo malo.

Todo quedó en un sueño

¿Te acuerdas de aquel día? Aquel día tan especial, ¡cómo olvidarlo!

El día en el que decidiste pasar por delante del campanario paseando a tu fiel mascota.

Lo recuerdo como si fuera ayer y sin embargo hace ya tres años...

Tres años que vi por primera vez un andar tan elegante y peculiar que parecía estar observando a las estrellas de Hollywood en la alfombra roja, como la famosa caja de bombones, desde aquella noche a las doce y media de un sábado como otro cualquiera del fresco diciembre, no consigo recordar nada más que no sea tu silueta, cuya escultura parecía estar esculpida sobre mármol por las manos de un artista de renombre, esas curvas contorneadas desde los tobillos hasta el cuello remarcando la cintura y terminando con un rostro de belleza inigualable, en el que por lógica no podría faltar la curva más hermosa de toda mujer, ¡la sonrisa!

No sé si te acordarás de aquella noche o no pero, en fin, sería normal que ya lo hayas olvidado ya que no me atreví a saludarte, no me atreví a presentarme y ni siquiera te devolví la sonrisa. Y es por eso que lo nuestro no existe, es por eso que te hablo a través del papel ya que te has transformado en un recuerdo que solo el tiempo podrá llevarse.

Parece ser que te fuiste para no volver

Son tantos los suspiros que empañan el ventanal de mi salón
que ni la imaginación de Miguel Ángel podría llenarlo,

y son tantos los sueños en los que apareces que me mata
despertarme ya que lo único que ansío es pasar cada
segundo a tu lado.

Anhelo cada reflejo proyectado en tu mirada,

y cada una de las sonrisas que tu rostro me pintaba.

Ansío impaciente tu regreso,

aunque solo sea para recitarte un verso.

Día tras día recuerdo tus labios rozando los míos,

y recuerdo también rizarte el pelo con suaves caricias que te
hacían suspirar tiernamente.

Me resulta imposible recordarte sin que mis ojos derramen
mil y una lágrimas,

por no haber sabido apreciar cada minuto que me
regalabas.

Y por qué te voy a engañar... Si mire donde mire veo tu
silueta o escucho tu sonrisa,

Porque a pesar de lo que nos pasara,

Siempre quedará un amor que viaja acompañado de una
suave brisa.

PD: a pesar de que en nuestro amor no hubo gloria, siempre
quedará escrita nuestra historia.

Adiós…

44

Vete, no me voy.

Mátame con puñales

No con tus besos.

Átame a la cruz

No a tus manos.

Párteme en dos

Pero no cosas la herida que tengo abierta.

Cierra tus puertas y tu corazón

Pero no me encierres a mí.

No es que no quiera

45

Casi no cuento los días que hace ya dejé de verte.

Esos dos meses y diez días... creo.

Por si por lo que sea te acuerdas de mí, recuerda que jamás
fui sincero cuando la verdad dolía.

Que esas palabras que te dije o dije de ti eran en verdad lo
contrario.

Que nunca dejé de pensarte...

Que nunca dejó de dolerme el dejar de tenerte.

Sigo saliendo a la calle esperando verte en mi portal,

Y sigo queriendo despertar y volver al primer día para
cambiar aquello que te alejó.

No quiero que vuelvas, sino que no te vayas...

Solo una vez

46

Cual náufrago de tus pupilas ahogado entre tus lágrimas,
Con un último suspiro le pido al cielo que te devuelva la
sonrisa.
Aquella que se borró por dibujarla en mi rostro,
Removeremos cielo y tierra,
Y cruzaremos los siete mares para encontrar aquello que un
día fuiste.

David Sala Iglesias

Te quise por mil, dividiéndome entre cien

A ti que te cedí mis mil caras,
Que te di las llaves de mi vida.
Confíe y te hablé de mis miedos,
Sabiendo lo que conllevaría...
Te hice responsable de mí y me diste con la mano abierta.
No negaré que te sigo queriendo y que sigo sufriendo por
no poder darte los buenos días cada mañana,
Ni el beso de buenas noches en las madrugadas,
Añoro tus caricias y tus locuras,
Esas que te hacen ser tú... Por las que tanto te quería.
Allí donde vayas, déjame saber que estarás bien,
Sin más, hasta nunca.

Mejor tarde que nunca

Debo decir que a pesar de lo mal que lo pasé... Hoy en día
puedo cerrar los ojos y sonreír al recordar esos momentos.
Hasta el día de hoy, los mejores de mi vida, y fueron gracias a ti.
Sigo pecando de llorar al recordar nuestros días al pasar
por donde pisábamos, abrazados como si esto nunca fuera a
terminar.
Sigo sufriendo de sudores fríos al soñar con aquel día,
cuando después de mil tormentas amainó mi corazón.
No sé por qué hoy, no sé por qué ahora... Pero sé que debía
decirlo.
Sigo pensando que fuiste lo mejor que tuve en mi vida y
lo mejor que tengo en mi pasado, aunque las lágrimas lo
distorsionen.
No por mí sino por ti, pensé que no te demostraba lo
suficiente y si miramos con perspectiva seguro que veremos
las mil y una soluciones que esto tenía.
Sé que ya no tendré a quien arrojarme,
Que ya no habrá quien se preocupe por si llego o no llego,
No habrá nadie que frene mis emociones,
Nadie que me suba el ego,
Que reanime mis sensaciones.
Ya no habrá nadie que me abrace y seque mis lágrimas,
nadie con quien perder mi tiempo de una forma tan
maravillosa como tú.

Querido yo…

Sí… Es cierto. No puedo negar que te quise, ni que me
sigues importando, ni siquiera que me encantaría volver
algún día quizás… a mirarte de nuevo sin odiarme.
Admito que fui yo quien se distanció sin mirar atrás, tenía
prisa y estaba harto de vivir aquella vida que nunca quise.
Sin quererlo te intoxiqué con mis formas, y por ello perdiste
a mucha gente que jamás volverá… Créeme.
A raíz de aquello que nos marcó yo me fui y te dejé ante la
adversidad que a mí también me asustaba, solo pensaba en
mí y me olvidé que tú también sufrías.
Lo siento… De verdad.
Siento que por mi culpa perdieras tu sonrisa, tus ganas de
volar, tu energía inigualable, tus ganas de comerte el mundo
y que cambiara tu mirada a los ojos llorosos que cargas
desde entonces.
Y aunque no sirva de mucho, jamás olvidé esas ganas que
tenías de correr, de echar a volar y subir. Y a más altura más
ganas de subir y seguir volando por encima de las nubes
y más y más y más alto, siempre arriba y con una sonrisa
enmarcada entre dos "hoyuelos" con los que enamorar a
todo ser vivo que te rodeara y sobre todo… ser tú.
Parando entre aleteos para ayudar a todo aquel que te lo
pidiera. Buscando la felicidad de los demás por encima de la
tuya. Cargando así el peso que acabó conmigo.

Buscando la felicidad ajena, perdimos la nuestra... Pero no te culpo, porque gracias a ti, hoy puedo decir que me siento orgulloso de quien soy...
Y sobre todo... De quien fui.

Quien soy yo para juzgar

No te negaré que la ilusión que llevo dentro se disuelve de vez en cuando,

Pero vuelve cada vez que te sueño esperándome entre la multitud de aquella plaza. Solo interpretando tus señales sé que jamás olvidaré tus manos dibujando mi espalda. No queramos que nos quieran, sino querernos.

A veces entre errores encontramos las soluciones, y entre respuestas nos envolvieron las preguntas.

¿Me quiere? ¿No me quiere? ¿Me quiero?

¿Es todo esto del amor algo real?

¿O es solo una técnica más de los peces gordos para vaciarnos la cuenta?

Contigo o sin ti

52

Reconozco que no soy el mismo desde que te vi por primera vez.

Y que mi vida cambió para bien y para mal en cuanto a emociones se refiere.

Contigo aprendí a confiar y dejarme ayudar, a echar el freno si en la vida cabe.

Me enseñaste que a veces es mejor no decir nada, que por la boca muere el pez.

Aprendí a levantarme feliz por empezar un nuevo día.

Y a no querer despertar por no poder compartir un solo minuto juntos de nuestra vida.

Descubrí que el volver a querer a alguien sin medida sí se podía.

Y que un alma en pena pocas veces es comprendida.

Contigo aprendí lo que era sentirse querido.

Y sin ti descubrí lo que realmente significa sentirse perdido.

Dos palabras

Cierto es que nos sentimos perdidos en gran medida sin esa persona, que en frente de nosotros y mirándonos a los ojos nos pronuncia esas dos palabras.

Nos pasamos la vida buscándola, aunque a veces eso conlleva perderla...

Soñamos con cuentos de hadas y películas de Hollywood esperando ese momento, que incluso podemos llegar a perder por no ser como esperábamos e incluso por miedo a que no sea verdad y nos duela.

Nos la pasamos esperando a alguien que nos diga que nos quiere, y nos olvidamos de pedírselo a la persona que se refleja en el espejo cuando nos buscamos...

Perdón por perdonarte

Aunque me cueste... Te perdono.

Te perdono que me mintieras a la cara,

Te perdono que me engañaras con falsos "te quiero",

Te perdono que me hicieras perder el tiempo con rodeos,

Te perdono que me causaras ansiedad e insomnio,

Te perdono las lágrimas de cocodrilo... Y las noches sin luna en las que me perdí buscando tus constelaciones.

Te perdono tus niñadas y tus insultos,

Te perdono la falsedad y los sueños que me rompiste.

Y te agradezco que me enseñaras a quién le importo realmente,

Aunque perdono que no fuese a ti.

Si algún día te da por volver

Quiero que sepas que te seguiré acogiendo,

Que siento el daño que te causé y que lamento no haber ido de cara.

Un día nos acordaremos de nuestra historia y de seguro nos reiremos.

Y aunque lejos de la verdad, cabe decir que por los vientos de Márquez entre molinos y Quijotes... Perdurará la juventud de Rubén Darío.

A más no querer diré que jamás esperé toparme contigo,

Y sin embargo fuiste la mejor de mis improvisaciones.

Viviré hasta que muera y moriré cuando mis recuerdos dejen de respirar.

Taciturno y tembloroso, me decidí a respirarte, acogiendo en mi ser la adicción a tu fragancia, cuya cura aún se desconoce.

Al menos por mi parte...

Entre tumbos y sin whisky

No quiero saber el porqué

Solo el cuándo.

Harto de observar el fondo del vaso,

Llorándole al licor que se ausenta

Junto a tu ausencia...

Ya no quiero salir de fiesta,

Sin querer descubrir nuevos bares,

Con miedo a pisar los nuestros.

Buscando suerte me topé contigo,

Sentí la libertad de volar con las alas que me dabas,

Y me las cortaste en pleno vuelo.

Ya no quiero seguir en este mundo,

Dejar de pensar llorándole a los focos,

Vivir el presente con miedo a despertar,

Y ver que todo esto resulta ser real...

Mi musa…

Siento que ya no lloro igual desde que te fuiste y el dolor que siento hoy es más fuerte que en nuestro pasado.

Sin saber por qué… he dejado de confiar en los pocos que me rodean y he dejado de quererme, aunque no de quererte.

Te prometí que no tocaría aquel whisky hasta que pudiera celebrarlo con tu aniversario, enhorabuena.

Felicidades, pequeña, aunque ya no tanto.

Siento en el alma no poder cumplir esa promesa, y siento más aún observar a solas el fondo del vaso…

Supongo que una vez más empezaré bebiéndome a Escocia y terminaré escuchando nuestra canción, que al día de hoy sigo sin poder terminar de oír cada vez que suena.

Ya van demasiadas noches en las que no me duermo hasta darte las buenas noches, y muchas más las mañanas en las que me despierto entre pesadillas recordando pequeños tramos de nuestra historia.

Te deseo que por fin consigas la vida que siempre me contabas.

Persigue tus sueños, enséñale al mundo entero esa encantadora sonrisa que tuve el privilegio de ver en primera fila y jamás dejes que nadie te frene...

Te quiero.

Si solo fuera

Si olvidar fuera tan sencillo, sería fuerte como el roble
centenario de la plaza,

y sin embargo mis huesos crujen con las hojas que reposan
bajo tus pies,

en el jardín en el que antes pasábamos las horas abrazados.

Porque por mucho que me diga que el camino vuelve a estar
en alza,

mi reflejo me sigue recordando nuestros relatos enterrados.

Cuenta atrás

Y nos dieron las diez y las once, sentados en aquel sofá
"chillout" de la coctelería pija en la que tanto nos costó
entrar por vergüenza,

entre copas y anécdotas compartidas, perdidos en la nada
hablando sin escuchar y sonriendo sin pensar.

Y nos dieron las doce y la una, en el antro del amigo de una
amiga…, bailando salsa sin derramar ni gota (ja, ja, ja…).

entre tumbos y brazadas con las mejillas sonrojadas
(supongo que por el alcohol…) conseguimos encontrarnos
las caras.

Y las dos y las tres, que sin saber cómo… estábamos
abrazados en tu cama, yo intentando parar el tiempo para
que nunca acabara

y tú con tus labios acariciando los míos.

Sin embargo, parece ser que fue mi imaginación ya que te
fuiste sin dejar ni rastro…

Si pudiera despertarme

Miro al cielo y sé que estarás por encima de alguna nube correteando y ladrando a los pájaros (y seguramente cazando algunos de ellos...), moviendo el rabo de lado a lado como hacías en vida.

A pesar de los miles de recuerdos que me vienen jugando contigo, no puedo evitar odiarme, odiarte, por abandonarte, por desaparecer sin previo aviso. Sé que todo el mundo dice que solo recuerdas los momentos más bellos... pero parece ser que no a todos les pasa lo mismo. Y es que al día de hoy sigo sintiendo los pinchazos de la aguja que me imprimió tu nombre en las costillas, enganchando mis venas a tu alma. No puedo olvidar la forma en la que te fuiste... y las cosas que me quedaron por decirte.

Primero: que me has dado los mejores doce años de mi vida,

no exagero cuando digo que fuiste mejor que cualquier persona, que allí donde estés jamás estarás sola,

que me sacaste de quicio mil veces, pero las sonrisas fueron diez veces más.

Recuerdo el día que te conocí por primera vez, y a pesar de los años que pasaron, parece que fuese ayer,

y recuerda que cuando te di mi amor, lo hice para siempre.

Y pensar

que ya no estás, que te has ido,

que en mis brazos diste tu último suspiro,

que tu cristalina mirada jamás volverá a parpadear.

Solo quiero darte un último abrazo, un último beso... Y un último adiós.

Descansa en paz, pequeña.

Ojalá pudiera…

Te tengo delante, sí, pero no te veo aunque te miro,

jamás te he soltado una sola palabra a pesar del tiempo que te he tenido a mi lado,

sin embargo, me paso horas frente a la pantalla,

tecleando aquello que por dentro me digo.

Ya no cabe en mí la vergüenza que aceptar no puedo (por algo a lo que llaman orgullo)

de pasarme horas abrazado a mi almohada soñando que eras tú.

Lo que me preocupa es ese "algo" que siento en el estómago,

al compás del escalofrío que recorre mi espalda bajo tus frías manos…

Mi bella musa

Fuiste mi droga más potente, y me causaste tal adicción,

que ni las dosis más grandes de Neruda me desintoxican.

Observo a la juventud con los ojos de Darío,

y viajo con el viento de Bécquer

mientras pienso en qué te ofrezco,

a cambio de tus besos.

Sigo el tic-tac de mi corazón,

preocupado por quedarme sin pilas,

y le lloro a las nubes por encerrarme,

en esta jaula de rabia y odio que es el mundo.

Imagina que...

Imaginemos por solo un instante que nos olvidamos de el qué dirán...

Imagina que nos cruzamos en el pasillo de un bareto de barrio,

y todas esas cosas que nos mareaban los pensamientos se desvanecen...

Imagina que minutos después se te acerca el barman,

y señalando mi taburete te ofrece un gin tonic y dos chupitos de tequila con limón y sal para "compartir".

Que dubitativa pero decidida me ofreces un sitio en tu mesa,

y sin darnos cuenta, pasamos de ser perfectos desconocidos a ser almas gemelas.

Imagina que consigues que baile contigo,

y entre tímidas sonrisas sonrojadas nos vamos acercando "inconscientemente", hasta notar el suspiro acelerado por la excitación de ambos.

Imaginemos que juntamos las carnes de nuestros labios,

y sin darnos cuenta acabamos en el salón de mi casa en
frente de la rústica chimenea,

enredados en las mantas del sofá con el whisky en la mesita
sin hielo por el frío de invierno.

Y por qué no dejamos de imaginar, y le pedimos al maître
que nos traiga los abrigos...

Vayamos a casa e improvisemos el final...

Cuentos de hadas

Entre tumbos y balbuceos

Ensordecieron nuestros labios,

Sellados con promesas.

Prometieron besos y besaron sapos,

Soltando palabrejas mientras el príncipe esperaba,

Sin saber que el whisky se tornaría añejo a su contemplar.

Sin saber que moriría de viejo...

Y de tanto esperar.

Kara

Te escribo hoy sabiendo que ya ha pasado un poco más de
dos años...

Quizá por miedo, quizá por falta de fuerza o quizá no.

A lo mejor es que creí aquello de que "si no lo ves no
existe"...

Lo siento,

No pude.

Perdóname que intentara borrarte de mi recuerdo,

Pensé que así dolería menos.

Jamás pude olvidar el último de tus suspiros,

Ni quitarme de la cabeza tu última mirada.

Sabías que no saldrías de allí y aun así te dignaste a darme
las gracias por estar.

Incapaz de hacerlo yo cuando tú todavía estabas en el salón de casa.

Que no te has ido del todo, eso está claro.

Aún te veo cuando llego de trabajar y te escucho por las noches.

Te quiero en la distancia y te lloro en la ausencia.

Lo siento por todo, perdóname por cien y córtame en mil pedacitos por no apreciarte como te merecías.

Gracias por tanto, por cruzarte en mi camino, por quererme en las malas y por no odiarme en aquella sala entre sombras con bata verde... `

De un instante a un para siempre.

Desde aquí hasta la luna.

Si el destino puede equivocarse... lo hizo contigo y me castigó a mí.

En las costillas tu nombre y en el recuerdo un último TE QUIERO...

Un último beso, un último abrazo y un último "hasta pronto"...

Descansa en paz, pequeña.

David Sala Iglesias

En memoria de las historias ya contadas

A veces me acuesto en mi cama llorando, llorando por
aquello o por lo otro, preguntándome qué es lo que hice
mal o en qué cojones fallé. Preguntándome por qué tiene
que pasar el tiempo tan deprisa, o por qué tuve que crecer
tan pronto.

Pero, por mucho que me lo repita, sé que seguiré sin saber
la respuesta y es por eso que en este escrito, os hablaré en
memoria de mis desgracias, en memoria de la infancia,
en memoria de las ilusiones y de aquellas personas que
terminaron por marcharse.

Una noche desperté en un lugar desconocido, donde había
un espejo de exageradas dimensiones en el cual se me
proyectaron diferentes reflejos de mi ser, me acerqué con
sumo cuidado al primero de ellos y recordé, era mi reflejo
con 5 años y una sonrisa exuberante, qué recuerdos los de
la infancia, una época que ahora tantos añoramos...

Para aquel entonces me alcanzaba con el bocadillo en
la mesa y los dibujos en la televisión, un beso de buenas
noches de mamá y el peluche que tanto amaba junto a la
almohada me bastaban para dormir seguro y sin espantos.

La época en la que todos eran tus amigos y con solo escuchar la palabra "tonto" te quedabas destrozado y ofendido, y con "pedo" te olvidabas de tus penas y echabas a reír.

Pero desgraciadamente… eso terminó al entrar en el instituto, lugar en el que las peleas pasaban de ser por un amigo robado, a ser por una chica de la que dos amigos se sentían enamorados, o el lugar en el que si hacías tus tareas eras abucheado y si no lo hacías eras el puto amo al que todos querían a su lado. Sin que me diese cuenta eso cambió y maduré, aprendí que no son amigos aquellos que me saludaban, sino aquellos que me apoyaban, aprendí que la vida la vives, porque los "amigos" se quedaron en el camino cuando dijiste que el pan de cada día se gana con esfuerzo y con sudor, o cuando dijiste que un futbolista muerto no era un héroe sino un ser humano desgraciadamente abandonado.

La época en la que te das cuenta de que todo lo que hagas ahora lo verás como un logro en la época siguiente.

Vive la vida como una aventura, no como una rutina.

Fotografiando el pasado

14 de abril de 2005, 15:42 pm. Una joven de 23 años de edad sentada en su escritorio cabizbaja y pensativa está, con una fotografía enmarcada en plata de su ya difunto abuelo. La fotografía que le regaló su abuela diez años atrás, el 27 de octubre de 1995, la fecha que le dejó un gran vacío en su corazón que jamás llenaría con nada que no fueran lágrimas y suspiros, la fecha en la que su abuelito la dejó. Desde ese triste día la joven trató de olvidar y ahogar sus penas con actividades que la distraían y ocupaban completamente evitándole así recordar el porqué de sus lágrimas, hasta tal punto que la chica olvidó sus sentimientos y los dejó perder guardándolos en una cajita de marfil junto a la fotografía que lanzó bajo su cama. Lo que hizo que su vida perdiera el sentido, perdiera el rumbo y dejara atrás sus metas, las metas por las que todo ser humano debería luchar que son la paz con uno mismo y la felicidad. Y esa joven dejó de ser quien era y vivió año tras año completamente frustrada, todo lo que hacía lo hacía a desgana y sin ilusión, ella no entendía por qué se iba cada noche a dormir con un enorme vacío en el cuerpo y unos ojos que desbordaban mareas que empapaban su almohada, no lo entendía hasta que hoy, 14 de abril de 2005, se puso a limpiar debajo de su cama y encontró la cajita de marfil que años atrás decidió guardar. Temblorosa y taciturna, se decidió a abrirla y allí estaba

la fotografía. La puso encima de su escritorio y se sentó a observarla, como era de esperar, de nuevo aparecieron las lágrimas pero con una diferencia, y es que esta vez tenían un sentido, ya no eran porque sí ni tampoco por tristeza, sino que esta vez eran lágrimas de alegría por los recuerdos que le venían de sus aventuras junto a su abuelo y de alegría por saber que después de diez años manteniéndolo en el olvido su abuelo jamás se fue.

La joven de nombre Anabel cometió un error, que fue dejar el pasado atrás olvidándose de él y borrando una parte de su vida, lo que le causó ese vacío en su interior bastante razonable ya que únicamente una parte de su vida estaba escrita, la otra solo emborronada.

El pasado, pasado está y es una parte de tu vida que jamás deberías olvidar ya que si has nacido es para dejar huella y toda huella tiene un principio y un final.

Echemos de más y no de menos

Siento que si no te lo digo reviento.

Aunque preferiría seguir mirándote sin preocuparme por las horas, veo que esto no va a ser posible.

Sé que quedan mil promesas incumplidas que deseo que acabes cumpliendo con quien te merezca.

Te dije para siempre y siempre quedó en el aire de quien ha sido capaz de aguantarme aun así, aunque en diferentes condiciones lo mantengo.

Te dije desde enero hasta diciembre y para siempre seguirás siendo lo mejor que me ha pasado y en nuestras historias quedará.

Mi actitud en ocasiones, lo sé, es para matarme.

Solo gracias, porque con simples gestos y caricias me hiciste dar acrobacias.

Has conseguido despertar mis mañanas con hambre de mundo y sonreírle a las canciones que revivían pequeños cuentos que hablaban de nosotros.

Idiota de segunda mano y sin frenos, es como soy y no quiero estropearte el camino.

Tal vez llores, tal vez me eches de menos, pero saldrás adelante.

Solo quiero hacer lo que mi ser me exige, mirarte a la cara y decir lo que nunca te dije.

No te aseguro un hasta luego pero te prometo un por siempre, te echaré de menos el triple que tú a mí, tenlo en mente.

Y cualquier cosa desde ahora en adelante, estaré para todo cuanto necesites.

Recuerda que siempre nos quedará aquella canción a la que puedes hablarle siempre que yo no pueda.

Te quiero, te quise y te querré. Un beso, un abrazo y para mí el mejor de los recuerdos.

Tú

77

Quédate conmigo y vuela o aléjate de mí y vuela más alto si cabe...

No seré yo quien elija.

Ella

Un bello recuerdo que moja mis ojos y una copa entre las manos que se encarga de secarlos.

David Sala Iglesias

Un whisky y un te quiero

Nos despedimos entre sombras bajo aquella tormenta que
jamás quiso amainar,

dejando entreabierta aquella puerta de las promesas
incumplidas que jamás lograré cerrar.

No sé por dónde empezar de nuevo una vida desde cero, sin
tus diez dedos que mis sueños entrelazaban.

Cumpliendo sueños sin mí me encerraste en los míos, de los
que ya no quiero despertar.

Tengo que admitir que desde aquel día acompaño el whisky
con melodías tristes y entre lágrimas,

que nunca terminan de brotar.

Y qué más da cuánto tiempo pase si mi reloj dejó de contar,

si las ganas que tenía dejaron de aparecer.

Si ni siquiera el tipo del espejo me responde.

Dejé de sonreír por miedo a que ya no sean tus recuerdos quienes lo hagan y dejé de mirar a las demás a los ojos por no verte a ti en su reflejo.

Que jamás pronunciaré un solo te quiero sin pensarte.

Que la sangría dejó de gustarme y la cerveza pasó de placer a tortura por tu ausencia.

Que ya no me quieres.

Que ya no me quiero.

Que jamás volverá a sonar igual nuestra canción.

Adicción

Cada día me levanto con el impulso de volar,

De abatir las alas y subir a tu cornisa para posarme cual gárgola.

Quiero volver a sentir aquel escalofrío que recorría mi espalda con cada uno de tus suspiros, que me vuelvas a morder y te justifiques con una sonrisa y que me vuelvas a mirar como el gato que jamás vistió tus botas.

Mis pasos ya no pesan, solo acarician la vida como el pianista que dejó de sentir aquello que tocaba y ya no me quedan excusas para el tipo con túnica y guadaña que no deja de vigilarme.

Dice que ya he bebido demasiado...

Siempre acabo tirándole la botella y me duermo con litro y medio de agua e Ibuprofeno en la mesita, supongo que por costumbre.

Y por si lo dudabas... Seguiré amaneciendo con resacas del quince para ocupar el tiempo que antes dedicaba a olvidarte.

Por suponer

Gracias.

Te doy las gracias por quererme, o al menos hacerlo ver.

Te tengo que dar las gracias por demostrarme que podía
salir a la calle y comerme el mundo.

Que por mucho que llueva siempre acaba saliendo el sol, y
que no hay mal que por bien no venga.

Fui privilegiado de tenerte a mi lado y a pesar de que
duela debo agradecer el formar parte de una porción de tu
historia, aunque puede que trates de olvidarlo...

Aunque lo niegue a veces, a tu lado fui feliz y eso no me lo
quita nadie.

Como dice mi abuela, "que te quiten lo bailado".

Así que gracias.

Gracias por ser el obstáculo más bonito que la vida me ha
puesto delante jamás.

Entre excusas y promesas

Sin darnos cuenta empezamos a olvidarnos de los pequeños detalles, los que realmente importan. Lo que empezó siendo una tontería, terminó por quitarnos el sueño y lo que tenía importancia de verdad acabó en la lista de los "ya lo haré mañana".

Mañana llamaré a los abuelos...

Mañana visitaré a mis padres...

Mañana le diré que la quiero o, mejor aún, se lo digo por WhatsApp y ya está...

En su lugar, hoy me quedaré más horas en el trabajo para ganar más dinero.

Hoy mejor me encierro en casa a ver una peli y dormir que ya saldré mañana.

Mejor dejemos para mañana la comida con amigos, el cine o la birra que teníamos pendiente.

Ya quedaremos mañana y me cuentas tus movidas, que hoy no tengo tiempo.

Ya estaré con la familia en otra ocasión que hoy no puedo...

Cuando no es por tiempo es por falta de ganas y sino por otra cosa. Las excusas nunca nos faltan, ¿verdad?

Y sin darnos cuenta pasan las horas, los días e incluso los años en ocasiones.

Hasta que llega el día en el que el mañana puede no existir...
Y claro...

Nos arrepentimos, nos asustamos y hasta nos castigamos.

Y es entonces cuando

llegan las prisas,

por llamar a uno o al otro, por quedar, salir a bailar, comer juntos, decirle lo que sientes y una lista interminable de tareas "pendientes".

Cuando tenemos tiempo nos faltan las ganas y cuando tenemos las ganas lo que nos falta es el tiempo.

A oídos sordos…

No hace mucho que he empezado a escucharte de nuevo.

Después de tanto tiempo sin tenerte presente, me acordé de que todos cometemos errores y yo el primero.

Es verdad que las cosas tampoco me han ido muy bien desde entonces, pero he tenido tiempo de pensar y tomar medidas.

He podido escuchar aquello que llevabas tiempo intentando decirme.

Y aún con el miedo a lo incierto, creo que volveré a seguir tus consejos.

En primer lugar seguiré buscando aquella persona que te llene,

Y si te vuelven a romper me quedaré a tu lado en lugar de esconderte como antaño...

Levantaré cabeza aun cuando todo se tuerza, y seguiré persiguiendo aquello que nos dibuja una sonrisa solo con pensarlo.

Y por último aunque no menos importante, te mostraré orgulloso a todo aquel que intente llegar a ti.

Así que gracias... De corazón.

Con la misma piedra

No puedo mirar atrás y decirte que estoy mejor solo, que ya
no te quiero y que deseo que te olvides de mí...

No puedo dar largos paseos bajo la lluvia sin aprovechar
para llorar y confundir mis lágrimas entre la tormenta.

Ya no puedo volver a sonreírle a las nubes como antaño,
no tengo las mismas ganas y aunque podría decir que mirar
hacia adelante cierra las heridas... Es inevitable voltear
hacia el ayer para poder recordar la dirección del camino.

Y a pesar de haberlo intentado me es imposible decirte que
ya no te quiero y que me arrepiento de haberlo probado.

No es verdad aquello que dicen que no hay mal que por
bien no venga, pero admito que repetiría el mismo error mil
veces más, con tal de tenerte a ti en mi pasado en todas las
vidas posibles.

Porque si quererte fue una mala decisión... me espera una
vida entera de cagadas.

Que le den...

Me quiero... sí, me quiero y quiero que el mundo lo sepa.

Estoy cansado de llorar y pedir perdón por hacer algo que me saca una sonrisa y de seguro se la saca a más gente.

Se acabó el pedir permiso,

Se acabó el agachar la cabeza por ser como soy,

Se acabó el esconderse detrás de una máscara,

A tomar por culo el pedir perdón y el poner a los demás por delante de mí,

Si lo siento y me hace feliz, lo hago y punto.

Me levantaré cada puta mañana con una sonrisa y me pondré a bailar en mitad de la calle con pijama si me nace,

Abrazaré a quien yo quiera y mandaré a tomar por culo al que me intente borrar la sonrisa.

Se acabó el preocuparse por el uno o por el otro.

Que le jodan a la vida, porque la mía... ¡la viviré cómo me dé gana!

89

Realidad o ficción

No recuerdo en qué momento dejé de besarte, para darme
de bruces contra el árbol que nos construyó.

Nos prometimos una larga historia que acabó en dos
escenas y sin embargo la secuela cogió más protagonismo,
el mismo que nunca me diste o al menos yo no sentí. Al
enseñarme la máscara, dejaste de ser la actriz con la que
tanto soñé, aunque eso no es tu culpa...

Fui un imbécil al confundir mi película con tu obra pero,
claro, el guion nunca fue el mío, ¿verdad?

Quizá la culpa la tenga Hollywood por vender una historia,
o quizá la tenga yo al no ver que lo que importa es el dinero
que esta genera... Me confundí y pensé que buscabas al
coprotagonista cuando la realidad nunca fue así.

Y es verdad que moriré y seguiré pensando que podríamos
haberlo dejado en la primera parte, porque ya se sabe que...
segundas partes nunca fueron buenas.

Entre caballeros y dragones

Mataste al caballero para irte con un dragón que te drogó con falsas rosas de seda, atadas a tu velo manchado con sangre.

Que en tus pesadillas quedará escrita esta historia para nada parecida a los cuentos que me vendieron de niño.

Tantas hadas repartidas por el mundo dejaron mi final al mejor postor.

Y si volviera atrás, a quien salvaría sería a la bestia que nada aterraba en comparación con la bella.

Antes una jarra en mis manos que una rosa en las tuyas sin duda...

Y así fue como el caballero se tornó dragón y cambió a las princesas por plebeyas.

Es… Fumarte…

94

Como una calada que volátil se consume,

Como la ceniza…

Que cae y se desvanece.

Gracias por formar parte

Te quiero y te necesito, no puedo seguir engañándome y
aunque me cueste aceptarlo, eres a quien necesito.

Que tanto antes como después de tener la suerte de
encontrarte, probé a llenar aquello que tu ausencia nunca
me dejó satisfacer.

Me encantaba que me mirases traviesa y me mordieses el
labio antes de tumbarme encima tuyo,

que aparte de tu culo también me gustaban los hoyuelos que
se te formaban en la nariz al sonreír.

Me encantaba tumbarme a tu lado y tenerte encima, pero
no solo para lo que tú creías.

Eras todo cuanto necesitaba y contigo me comía el mundo y
cuanto se pusiera por delante de mí.

Sabías cómo relajarme y cómo animarme, también sabías
cómo ponerme cachondo con solo besarme el cuello…

Aunque eso no sea lo que más echo de menos.

También extraño ir a ese bar a tomarnos una birra de uno con cincuenta, porque no teníamos para más... Irme hasta tan lejos solo para celebrar que llevábamos dos meses...

Que me regalaras una degustación de whiskys en aquel bar... con lo que a mí me gusta...

Que me presentaras a tus padres aunque fuese algo improvisado me hizo más feliz de lo que nunca te llegué a decir.

Y presentarte a los míos no fue tan sencillo como tú te crees, estaba más nervioso yo que tú... Créeme.

Que me jode aceptar que te fuiste, sí... pero si pudiera volver atrás y vivir lo mismo, con los errores incluidos, lo haría sin pensármelo dos veces.

Que si te dije que te quería fue por alguna razón y lo sabes.

Joder... Que me hiciste el hombre más feliz del mundo y te lo debo, así que gracias.

Que se encargue el destino

Acabaré loco de remate y será culpa tuya, por pasar por
delante y distraerme

Por tontear conmigo durante horas y olvidarte de mí al día
siguiente... Durante días

Me rozas, me miras, me tocas y me apartas... Dices que no
te siga con la mirada

Mientras balanceas las caderas a la vez que me sonríes y
desapareces entre la multitud.

Mordiéndome el cuello me dices que no sabes si quieres o
no bailar

Dando vueltas a mi alrededor y resulta que soy yo quien se
marea.

Te digo que voy a fumar y es entonces cuando me dices que
no... que me quede a bailar

Pero quieres que te persiga, y como perro hambriento ni me
lo pienso

Entonces suena esa canción para bailar pegados… Y nos coge en medio de la pista con los focos encima.

La gente se aparta y yo te acerco… Bailamos sin oír nada y nos guiamos por nuestros latidos

Estamos solos y la canción termina, todos nos miran y el corazón no cabe en nosotros.

El sudor nos moja y mis labios se acercan a los tuyos…

Me sigues los pasos y me besas, ya no escuchamos a nadie más a nuestro alrededor y parece que estuviésemos solos

Pero algo te para y decides marcharte

y me dejas solo en medio de la pista sin saber cómo te llamas…

Ni si algún día volveré a verte.

Me perdí

Me di la vuelta sin pensar en las consecuencias,
perdiéndome tus caricias y malgastando mis días

Me perdí de nuevo cuando creía haber llegado a puerto
seguro

Me reí de Poseidón

el día que mis ojos llenaron el Atlántico

Llámalo depresión

O llámame y quítame el pánico...

Mírame

Delante de mí van pasando los años y las culpas, veo cómo te vas alejando y en mis adentros sigue esa voz que suplica que te quedes...

Mientras por fuera sonrío y te deseo el mejor de los viajes.

Tantas noches soñando con esa escena de película, para que luego te tenga delante y no sepa más que soltar dos chistes malos y nada más.

Sin poder evitarlo, no paro de vivir el último día que te vi... El bus acercándose y yo con ganas de besarte y no volver a soltarte nunca más,

Las mismas ganas que nunca perdí, no como a ti.

Ya no sé qué pensar

Cada día ansío verte aunque sea a través de una pantalla,
quiero volver a verte y saludarte de otra forma. Que vengas
conmigo allí donde vaya...

De birras por el Raval o de tapas por la Latina,

que no nos separe una pantalla de móvil sino una sábana

y que nuestros sueños dejen de ser sueños

Para ser recuerdos.

Cansado de llorar

Cansado de sentarme en el abismo escuchando al viento y observando el horizonte.

Cansado de esperar a que vuelvas para respirarte de nuevo.

Cansado de que vayas por ahí hablando mal de mí, o de saber que al que mentías fue a mí.

Cansado de vivir en tu pasado y de vivir en mis recuerdos.

Ya estoy cansado de esperar que la pesadilla termine.

Y cansado de llorarte.

Lo siento

Hace cosa de días que al ver una fotografía te recordé y
reviví de nuevo todo aquello que nos enseñó a los dos.

Me hiciste daño y te llegué a odiar con todas mis fuerzas,
pero a quién quiero engañar...

Me levantaba cada mañana solo por verte esperándome
en la entrada y marcharnos al parque que había a escasos
metros.

Lo que me recuerda que fue por ti que empecé con las
ausencias no justificadas a las clases de primera hora.

Comenzaron las dudas en mi cabeza de hacer caso a lo que
se supone que debo hacer, o hacerme caso a mí y seguir lo
que me hacía feliz...

Y está claro cuál fue mi decisión, aunque acabara por
llevarme dos ostias. Y es que por amor todo vale... ¿No?

Cuando fuimos uno

Unimos nuestros labios para sellar con saliva nuestros sentimientos, prometiéndonos sinceridad y fidelidad con el pasar de los días.

Con el pasar de los te quiero que terminarían por surcar los vientos sin rumbo alguno, desvaneciéndose entre nubes que acabarían en tormenta.

Admirando sin temor el paso de las agujas de nuestros corazones, que avanzaban a toda prisa sin opción alguna a detenernos...

Una vida, una oportunidad, un sentimiento y tú... Quien provocó mis mayores miedos solo con la posibilidad de esfumarse cual instante...

Se me hace extraño

A pesar de que lo he intentado muchas veces, no he dado con la fórmula para olvidarte…

Y muchas lágrimas después, me he dado cuenta de que quizá no sea la solución.

Digo porque si lo consiguiera… Quien dice que así sea más feliz, borrando algo que en su día me dio las fuerzas para comerme el mundo y perdiendo todo contacto con quien aún tiene un pedazo de mi corazón…

La llave a mis profundidades, las que un día te confié.

Vodka, lima y nada más

Últimamente no paro de darle vueltas al rumbo que cogí en
esta vida,

aquel que me alejó de ti sin haber tenido el valor siquiera

de decirte lo que realmente sentía.

No quiero contar las veces que se me pasó por la cabeza
apartarte del grupo y soltarte la parrafada cursi

que escribí entre clases mientras te observaba...

Y debo confesar que me encantaba ese tira y afloja, ese
tonteo, y picarte solo para que no te apartaras de mí...

Aunque pasé tanto tiempo sin respirarte y más aún sin olvidarte

que no logro entender por qué cojones sigues en mi cabeza.

Sobre todo sabiendo que moriré y seguirás sin saber cuánto
llegué a quererte...

Será que me gusta ir de fuerte y frío o más bien de
gilipollas...

Esta vez es diferente

Cuántos cuentos cuentas tú, princesa entre hadas

Cambiaste el aleteo por polvos que te hacían volar

Quien después de tantas noches inacabadas

Se echó a llorar por un príncipe que nunca la supo amar

Y mientras tanto un pobre plebeyo con miedo a hablar

A quien la princesa hacía flotar

Jamás obtuvo su mirada… Pues la princesa nunca supo mirar.

El drama

Le acabé cogiendo el gustillo a esto de combinar whisky
barato con puros malos

y una película de esas que te pones para dormir la siesta
cualquier domingo…

Sin ganas de más que cenar una pizza familiar sin piña y
una Guinness servida en cuerno,

acompañado de Sabina y su obsesión por contar las horas.

Despertarme sin prisa y cambiar el desayuno por un
irlandés con tabaco negro…

Aunque a veces quiero dejar de ser ese borracho en sueños,
no vaya a ser que este sí se me haga realidad.

Cuando…

Cuando me tocas, me erizas la piel y destrozas mis barreras como se consume el papel de fumar

Cuando acaricias mis labios, me prendo como cerillas en manos de un pirómano

Cuando me muerdes, me sometes como aquel canino que solo ladra

Me agarras y pierdo las fuerzas que ahora solo dependen de ti.

Cuando me besas con labios sabor a miel, me derrites con escalofríos de verano

Cuando lloras y te alejas, los planes cambian y mi vida cae en picado a mil por hora

Cuando me das la espalda, escondes mis emociones bajo un mar de lágrimas

Cuando me sonríes, toda tormenta se torna brisa

Y cuando me dices que me quieres, detienes el tiempo y me regalas una excusa para seguir…

Que hablen

Así que... Este relato lo escribo a modo de experiencia para toda esa gente que, por circunstancias de la vida, se cree que está sola en este mundo. Que sepan que no es verdad... Que no todo es blanco o negro como tampoco lo es gris.

Siempre fui uno más que trataba de pasar desapercibido entre monos de feria que buscaban aprobación por algo que jamás descifraré, un chico tímido enredado en su mundo sin meterse con nadie, y sin embargo me topé con más de uno de esos monos que creyó que podía usarme para llamar la atención.

Me escapaba entre clase y clase para irme a fumar con la primera chica que me conquistó y que al día de hoy sigue rompiendo mi fase REM, solo por llamar su atención y pasar tiempo a su lado... Aunque nunca me hiciera el caso que yo quería. Y es que crecí con la idea de que, si quieres algo, lo persigues aunque no siempre salga como uno espera.

A los dieciséis años me creí el más "malote" de mi casa sin dejar de cuidar a los míos, por mucho que ellos a veces fallen...

Maduré antes de lo que me hubiera gustado como mucha gente, por motivos que quisiera olvidar y que al día de hoy me siguen sacando varios miles de lágrimas. Antes siquiera de llegar a los diecisiete y cansado de dar sin recibir dejé de repartir, refugiándome entre adultos y cervezas... que parecían entenderme. Terminé por encerrarme a pesar de las consecuencias que esto me traería.

A una pronta edad asocié la fiesta a una falsa felicidad y me acostumbré a llorarle a mi reflejo para sonreírle a los míos y secar sus lágrimas, vinieron los primeros bajones y se fueron aquellos en los que confiaba. Se me presentó la peor versión de mí mismo, sin entrar en detalles.

La primera muerte cercana la viví a los veinte años, se trataba de mi perra; mi mejor amiga quien desde los nueve años compartió día y noche a mi lado y lo que eso conlleva.

Kara...

Su muerte me impactó más de lo que jamás hubiera imaginado a pesar de que me la esperaba con antelación, pero claro, fue mi alma gemela por años y bueno... Aquello me cambió por completo, hasta tornarme la persona que soy hoy en día, enseñándome lo más importante para mí hasta el momento. Por ello entendí la importancia de disfrutar cada secuencia de nuestras vidas, que aquello que se va nunca regresa y que llegará el día en el que puede ser tarde para empezar a agradecerlo...

Va de realidades

Qué grandiosa experiencia es aquella de pasarlo mal, sufrir
por ti y por aquellos a los que quieres y saber que no hay
forma de apaciguarlo.

Un beso que nunca llega, una cena que nunca se celebra,
un viaje que se cancela... Para otros tal vez eso no sea
para tanto, su realidad es distinta; un techo que no cubre
de la lluvia, una mesa sin comida, un colchón creado
por cartones o incluso la incertidumbre de llegar o no al
mañana...

Entre ambas realidades solo hay una diferencia, depende de
en cuál te encuentres tú.

Querer que me quieras

Tumbada en la cama con sábanas de lino

A medio despertar

Te acordaste del desayuno que te esperaba cuando la cama
era la mía

Verdades paralelas

A mi reflejo le sigo pidiendo favores.

Como reflejar una realidad alternativa,

verdades distorsionadas.

Que las sombras de mi soledad se llenen de la luz de tus sonrisas,

Y las lágrimas que inundaron mis días drenen con tus besos...

Los mismos que dibujaron un destello en su rostro.

Servicio de habitaciones

115

Debo confesar que me desperté con dudas y problemas, por recordar que fue lo que hicimos la noche de ayer.

Y no logro descifrar qué haces a mi lado ni dónde está mi ropa... Ni la tuya... Y basándome en experiencias pasadas,

Normalmente me levantaría sin hacer ruido y me iría, pero esta vez mi cuerpo pesa el doble.

Verte a mi lado durmiendo y el tiempo que deja de avanzar sin dejarme más opción que quedarme, quedarme y vivir ese momento...

Vivirte.

Desnudo emocional

Quiero volver a vivir el día en el que aparecisteis para regalarme lo mejor de este mundo, una vida con vosotros, mis padres.

Quiero revivir las comidas en familia que parecían no terminar nunca…

Quiero ver desde fuera el primer examen suspendido y vuestras caras de circunstancia.

Recordar la sensación que me invadía al veros después de clases y salir corriendo para abrazaros.

Quiero volver a las mañanas de Navidad y abrir como loco todos los regalos, aunque no fueran míos.

Volver a las meriendas con pan y chocolate acompañado de dibujos en el fondo.

Que vuelva el día en el que conocí a mi perra, con la que compartí mis siguientes doce años…

Quiero viajar hasta el primer día de instituto y darme un par de consejos, pero sobre todo decirme que disfrute que se acaba.

Recordar el primer día que conocí a mis amigos y amigas, los que hoy en día siguen a mi lado, y darles las gracias por aguantarme.

Volver a sentirme tan pequeño como libre bañándome en pelotas por la noche en mi querido Mediterráneo.

Repetir las mejores borracheras de mi vida con la condición de acordarme de todo al día siguiente...

Mi primer día de trabajo.

Mis primeras vacaciones en familia y las que hice por libre.

Reescribir mi primer poema y volver a recitarlo con la misma ilusión.

Quiero revivir cada momento pero sabiendo que no son infinitos.

Si de objetivos hablamos…

Sin comerlo ni beberlo nos vimos atrapados en una sinfonía
sin fin que nos empuja al abismo,

para retar a la gravedad alzando el vuelo sin destino de
llegada ni paradas en el camino.

Enloqueciendo nuestros días por exceso de cordura, sin ton
ni son,

corrigiendo erratas, secando rostros que vagaban en soledad
y exagerando sonrisas para tornarlas realidad.

Jarrones rotos por ira que en vano avanzaba por nuestras
venas y nublaba la verdad;

todo aquello que nos quiso el mal y se desvanecía con cada
logro

nos hizo fuertes, nunca retaron al miedo y tras cristales
esparcidos jamás nos rompimos

aun caminando sobre brasas que recordamos por la
presencia de ampollas en los talones.

Salir corriendo en busca de ese amor y esa intensidad que a
más cerca de encontrarla, más seguro de quererla...

Que te quiero y quiero amarte, crecer y a tu lado hacerme
fuerte aprendiendo de ti camino a lo desconocido.

Respirar de nuevo y beber hasta morir, saboreándote en
cada sorbo.

Beber, fumar, bailar y cantar aunque nunca tuviera el valor
de aprender...

Tenerte delante y hacerte el amor con calcetines; despertar
de nuevo esas ganas de brillar sin luz en frente

y que el amanecer se convierta en nuestro deseo
permanente... de seguir y hacerme fuerte.

Vete

Pero no te marches.

Pensé que te quería lejos de mis recuerdos

y resulta que solo quería borrar tus besos en historias
ajenas,

esas de las que nunca me hiciste protagonista.

Mis reinas

Nunca pensé en emocionarme al recordar sus abrazos ni
llorar pensando en que quizá no habrá un último beso,

que podría ser la última de sus sonrisas y que las comidas
familiares queden vacías en su mayoría...

A quién engaño diciendo que nunca me importó el mañana,
si sé que cuando falten dejará de ser una vida.

Ahora que no puedo estar a menos de metro y medio
de vosotras, los centímetros se multiplican por mil y las
fotografías cobran vida.

No sé en qué momento mi cabeza pensó que era buena idea
cambiar el tiempo con vosotras por fiestas y borracheras
con desconocidos...

Que jamás dejaré de ser su príncipe azul por nada en el
mundo, ni dejaréis de ser las reinas de mi mundo y el que
me rodea.

Para vosotras, mis yayas... Os quiero mil, elevado al
infinito.

Aunque sean pocas las veces

De vez en cuando me siento al sol y me ausento,

Tras cada calada imprimo una palabra y tras cada palabra
plasmo un sentimiento.

En ocasiones me siento atado y después de mucho meditar
recuerdo dónde guardé la llave.

Persigo fotografías y sueño con películas,

que por miedo y vergüenza nunca fueron publicadas,

Y sin quererlo dejé que mudaran

Aquellas pieles en las que imprimí tu nombre.

Y a veces cierro los ojos solo para poder diferenciar tus
besos de los míos.

Una vez me dijo

De ti he aprendido que todos los actos tienen consecuencias,

Que no hay mal que por bien no venga y que lo que se empieza se acaba.

El tiempo que perdimos nunca será devuelto… Pero nunca es tarde, así que jaque mate a la lógica.

Nunca me importó levantarme a las seis de la mañana en pleno mes de agosto,

con catorce años

Si así recuperaba el tiempo contigo.

Cuando me preguntan de quién aprendí algunas de las cosas que me hacen quien soy…

No lo dudo ni un solo instante.

Gracias, yayo.

Gràcies avi per tots els valors inculcats, per enseñarme tant i demanar me tant poc.

Como quieres…

Después de zarandearme cual títere deshilachado a tu gusto y de hundirme en mis pensamientos

Te pedí perdón y me sentí como la bestia por creer que tus emociones fluctuaban por mi culpa

Me puse en mal lugar por tu falta de madurez delante de gente que ni conocía

Y te defendí delante de aquel que se reía de ti, incluso delante del mismo que ahora juega contigo

Mientras te miente en la cara… Y tú, loca por caer en sus brazos.

Para que luego vayas soltando a mis espaldas aquello que a mí nunca me dijiste.

Perdiendo el sueño y la cabeza por tenerte contenta, para que tú ahora tengas una historia de la que reírte.

Confié en ti creyendo que serías la mujer adulta que me hiciste creer y abriste mis heridas tras la anestesia de tus mentiras.

Adiós.

Aunque tal vez nunca te lo diga

Tengo que admitir que apareciste en un día un poco
complicado de mi vida,

pero también tengo que admitir que me cambiaste el humor
con una simple sonrisa.

Y de verdad que me habría gustado hacerte más caso
pero…

Supongo que mi cabeza estaba entre lo personal y el
trabajo, así que lo siento.

Tengo que reconocer que el día no habría sido tan divertido
de no ser por ti y por los demás compañeros,

y que me encantaría repetirlo cuando sea tantas veces
pueda.

No sé… Quizá la oportunidad se esfumó, quizá el momento
fuera ese.

En todo caso quería darte las gracias por aparecer en mi
camino.

Sin que tú lo sepas

Aquella noche podría haber terminado muy diferente y ambos lo sabemos,

Pero ni tú insististe ni yo te devolví el juego…

Quién sabe si por miedo o por vergüenza pero, en definitiva, los dos nos arrepentimos de su final.

Pensé que podía volver a verte sin nadie de por medio y seguir como amigos,

Resultó ser mentira.

Y verdad es que en su principio la intención fue salir como amigos y ponernos al día,

Pero el recuerdo me nubló la vista, que bailaras pegada a mi cintura me desconcertó

Y a partir de ahí… Solo pude enfocar tus labios mientras se alejaban sin voltear.

87

Quería que supieras

En realidad me paso por aquí para decirte que sonrías más.

Que no te escondas cuando todo vaya mal.

Que sabes mejor que nadie cómo estás en realidad y que no podrán ayudarte si no les dejas.

Ámala con todo tu corazón… Sí, sí, tú y yo sabemos a quién me refiero.

No tengas miedo a decirle lo que sientes a la chica de tu clase, te sorprenderá saber lo que ella siente.

Tampoco te frustres con tanta facilidad… Que las cosas cambiarán para mal, por así llamarlo.

Llora sin temor porque luego no te será fácil, créeme.

Recuerda lo siguiente: "Me quiero más que a nadie", te sacará de algún que otro apuro…

Y por último pero no menos importante;

Siempre acaba saliendo el sol y los obstáculos se superan mejor si los enfrentas con una sonrisa.

Aunque no será fácil... Suerte.

Una carta al tiempo

A ti que te alejas sin preguntar,

Que te haces rogar y no das explicaciones,

Que te marchas sin escuchar y sin dar más oportunidades.

Me vuelves loco,

Me mientes y me dices que puedo usarte como quiera y sin prisa…

Pero sin saber cómo, me doy la vuelta y ya no estás donde antes de parpadearte.

Quiero beberte despacio, besarte deprisa y tocarte sin prisa con mis propios dedos,

Pasearte por mis días y compartirte con aquellos que, al igual que yo,

Te quieren cuando saben que no pueden tenerte…

Y que no basta con quitarle la pila a tu versión de pulsera.

Quiero volver…

A ver tu sonrisa en medio de clase

Molestarte para que pronuncies mi nombre

Darte aquella carta que te escribí para lanzar a la hoguera el último San Juan

Volver a aquellos días en los que nada ni nadie nos paraban los pies…

Aquella noche en la que sabía que nunca volvería a verte y ambos con alcohol en vena

decidimos que un beso no significaría nada.

Aunque estuviera yo en otra relación…

Qué valiente por mi parte hacer daño a alguien por no tener los cojones de aclararme las ideas.

Ya que no quieres oírlo

Perdido durante años creía que estaba en buenas manos,
que confiaba en alguien que me era sincero y que no se
reiría de mí en ninguna circunstancia.

Ya sabes… apoyarme en las buenas y en las malas. Pero
una vez más, eso queda para otro guion de cine y es que la
realidad supera la ficción.

Cabe decir que, por suerte o algo parecido, no todo
era malo desde luego; sin quererlo poco a poco fui
descubriendo aquello que un día le pareció buena idea
ocultar y, por supuesto, era todo lo que estaba relacionado
conmigo. De no ser así, nunca me molestaría pero… Se
equivocó de persona a la que darle la espalda. Y por
desgracia te darás cuenta cuando sea demasiado tarde.

Adiós.

Al final todo llega

Me costó entender qué era aquello que tanto me revolvía
por dentro

Tanto malestar y tantas emociones

Tanto pensarte

Hasta que te besé en aquel banco con árboles en el cielo.

Creció sin dar explicaciones

133

Y al voltear te vi volar sin mirar atrás

Llorando al ayer sin querer que nadie te viera

Cargando un saco más a tus espaldas

Y sangrar por esa sonrisa que nunca tuviste...

Recuerdos de una estrella

Quiero volver a aquella noche en la playa

Donde el frío no nos visitó y nos hundimos en la arena...

Que nos vuelvan a cantar los delfines y nos miren las estrellas.

Cuando el sol aún se recostaba a la verita del mar

Señalándonos el camino

Tú y yo, sin más... Y con todo.

Al despertar

Sentí cómo las resacas ya no saben igual

Los desayunos en la comida sientan mal y las tormentas ya no amainan...

Vuelven los escalofríos en verano

Se marchan las ilusiones

Y las brisas se transformaron en torbellinos

Sigo oliendo tu aroma al pisar por donde pasábamos...

Los sueños se tornaron pesadillas y las sonrisas, lágrimas

Ni siquiera las fiestas por Barcelona pudieron con tus recuerdos

Así que al horizonte con el whisky en mi izquierda

Y un habano en mi derecha.

Morriña de tus andares

Parecía fácil cuando te vi hacerlo sin ni siquiera parpadear.

Esos días prometiéndonos años, olvidados en segundos.

Y yo que solo soltaba la cerveza para empezar otra.

Entre pausas para fumar y vaciar el lagrimal de mi interior...

Deseando que nadie me viera y que tú no te salieras con la tuya.

Intenté esconder aquello que sentí por tanto tiempo y lograr que me importaras menos que el dolor que viví aquellos días... No hace falta decir que no fui capaz.

Que después me di cuenta de que no fui el único a quien querías a tu lado, tampoco fui el único que estuvo...

Y al parecer fue otro quien te dio lo que buscabas...

Se me hace raro saber tanto de ti y no reconocerte cuando te miro.

Espero que al menos, cuando te acuerdes de mí, se te dibuje aquella sonrisa que me enamoró...

Nos quisimos

No fue sino después que en tus ojos pude ver el afán de
atención que ansiabas, con tus historias y tus cuentos,
protagonista de todas y cada una de las narraciones

"Te quiero pero no te miro"

"Te odio pero folla-ámame"

La moneda de doble cara... O doble cruz, eso lo elegías tú

Un laberinto de mares en sequía

Que aclamaba agua a quien no quería regarlo

Un juego sin opción a ganar...

Cuando el destino lo quiere

Con los amigos haciendo lo imposible por juntarnos

Yo muerto de vergüenza por si no te gustaban mis besos y marchándome a solas

Me buscaste por el pueblo solo para darme la opción de besarte de una vez por todas

Sabiendo que ambos nos queríamos a la verita

Y sin pensar en las diferencias

Ni en lo bueno ni en lo malo

Solo en el deseo que nos llevó a vivir aquella historia que tanto cambió con el tiempo

Tú queriendo que me lanzara hacia nuevas emociones y probando el arte de sonreír

Y yo aferrándome al cobijo del silencio

Que de no ser por ti quizá jamás hubiera callado.

Aunque no lo quiera

No es novedad que tus palabras reaparezcan en mis sueños
noche a noche

Que el tiempo me duela más a mí que a ti, alargando los
minutos cuando te esperaba...

No es que no pueda verte sonreír, se me clava que no sea yo
quien lo provoque

Duele ordenar la cabeza y esconder los recuerdos de tu
habitación desordenada

Que no pudiera estar allí para tu gran día y cambiar los
planes a sueños de manta y peli...

No es que no quiera saber de ti, solo que bastante tengo con
recogerme

No es por arrepentido

Si pudiese volver al día en el que te conocí... Volvería a vivir
cada segundo a tu lado, exactamente igual que lo viví en su
momento

Porque no me arrepiento de nada en absoluto

Volvería a besarte en aquel tren

Abrazarte sin miedo a perder el de vuelta

Sentirme extraño con tu distancia

Volvería a escucharte y consolarte durante horas por el móvil

Volvería a quererte como a nadie

Y volvería a echarte de menos…

Simplemente gracias

Os doy las gracias por todo.

Por ser.

Por estar.

Por abrazarme y por quererme,

Que no es fácil...

Os doy las gracias por educarme de la mejor de las formas y ayudarme a recoger cada pedazo de mis errores.

Que por vosotros siempre he tenido dónde cobijarme entre tormentas...

La mejor de las infancias.

El plato caliente sobre la mesa, por el que muchos otros se conforman con soñar.

Las mejores vacaciones en lugares inimaginables...

Y la sangre de guerrero que tanto necesitaré...

Aunque poco lo diga,

Solo gracias por existir y ser mis padres.

Os quiere, vuestro hijo.

Musa de carboncillo

Dime tú, musa de cualquiera que te retrate,

Que vendes pedazos de mí por fiestas en el puerto

Que dibujas sonrisas en mi rostro cuchillo en mano

Con la cabeza alta dices de mí lo que nunca escuché de ti...

¿Qué haces con tus mentiras si en el saco ya no caben...?

Creíste tenerlo todo bajo control.

Con la razón de tu bando te alejabas con orgullo.

Con la misma en tu contra, me alejabas a mí...

Y con nuestra historia por la borda, solo supiste llorarme...

Aunque nadie lo sepa

Nunca me sentí orgulloso de cuánto hacía

Llamar la atención con notas en la agenda,

Clases perdidas entre humo y papeles,

Vodka de garrafón y lágrimas de ron...

Aquel que se tambalea entre aquellos que te llaman
hermano, solo por estar a la moda

Que prefiere quedarse solo para estar rodeado de todos
los que me miran, como el yo y no como el chico que
preferirían que fuera...

Que me muero de ganas de cambiar las resacas por los
domingos en casa de la abuela

Sustituir las discusiones por sonrisas como antaño con los
de casa

Volver a aquel castillo y revivirlo desde cada rincón...

Despertar de mis películas y salir al jardín para abrazarla de nuevo

Volver al bar donde conocí a la musa de mis noches

Quisiera viajar hasta el momento en el que, por primera vez, cambié un recuerdo por una tarde entre colegas

Subir a la cumbre de mis llantos y cambiarlos por "te quiero"

Dejarme de tonterías y asumir las consecuencias del paso de las agujas...

Que el ayer se fue,

Y que el mañana puede que no llegue...

Ni tú ni yo

Para ti el limón y la sal

Para mí el tequila

Para ti la piscina

Que yo me quedo con la playa

Tú te quedas con el blanco

Que a mí me gusta el negro

Los dos nos quisimos pero solo yo te amé

Te esculpí como la musa de mármol en mis obras

Y hoy te presento al mundo, orgulloso de cada hora que te lloré

Con cada palabra que te dediqué

Y cantando lo que en mi interior grité

Compartiendo en mi libreta nuestras historias

Con cada alegría un recuerdo

Con cada discusión una promesa

Los besos son heridas y mis errores, pesadillas.

Una brisa

Ayer volví a soñar con aquel rincón cálido, ausente de miedos y críticas.

Donde jamás me arrancaste el corazón y lo pasaste por delante de mis restos, esparcidos a tus pies...

Allí ella no se fue, entre los recovecos de mis brazos temblorosos, mientras la abrazaba.

Donde las lágrimas eran vida y los gritos eran de alegría.

Cuando las conversaciones no eran con uno mismo.

Que el verano era una brisa y el invierno de peli y manta.

Donde el adiós se escribió entre capítulos...

Y tus besos no me llenaron de

cicatrices.

Para quien sino

Para la única persona de mi viaje que fue capaz de dejarme
sin habla.

El único tramo del camino al que volvería sin pensármelo,
que por nada querría que se tornara oscuro...

El recuerdo de tus miradas de simulacro.

Como el calor en invierno que recorría mi espalda.

La ausencia de espacio entre nuestros labios, donde nos
perdimos...

El ahora sí y después no.

Mírame pero no te acerques, no vaya a ser que sintamos lo
mismo.

Las tormentas de sentimentalismo, que pasábamos en
soledad.

Aquel beso tonto del que ninguno parece acordarse.

O aquel corazón que se mandó por el chat...

Y el mensaje que lo seguía, diciendo que era un error del corrector.

A dónde se fue...

Le pregunto a mi reflejo,

Quien hoy llora al recordárselo.

Como pretendes que lo olvide

Como quieres que me olvide de tu sonrisa, si ni en los recovecos de mi subconsciencia cabe otra.

Como quieres que me olvide de tu mirada, aquella que escondiste mientras te alejabas...

No sé cómo quieres que me olvide de tantas horas que nunca quise que acabaran.

Que no puedo olvidar ni los hoyuelos de tu nariz, ni tus andares creyendo que tenías la razón con la cabeza alta, ni los mordiscos así porque sí... A lo loco.

Jamás sería capaz de olvidar las caricias que me alzaban al éxtasis, ni los besos que curaban el frío de mis vacíos.

No se cómo se te ha pasado por la cabeza esa absurda idea de que olvide todo aquello que me dibujó una mueca de alegría en un rostro inexpresivo... Olvidar a quien un día fue mi cuerda...

Olvidarte, jamás.

Dos segundos…

Quién podría hacerme volar y olvidarme de todo cuanto ella me hizo vivir

De no ser por eso tan insignificante que pocos valoran

Que si te despistas desaparece, quién sabe hasta cuándo…

Quizá nunca se repita

Quizá jamás tengas la oportunidad de vivirlo de nuevo y quién sabe…

Algún día te arrepientas de no pararte dos segundos a cerrar los ojos y respirar

Porque es solo eso…

Un instante.

A decir verdad

En los últimos días te he pensado muchísimo y no he
podido dejar de darle vueltas a todo.

Cuánto te he echado de menos, cuánto te he odiado...

Cuántas noches en vela tratando de perdonarme o
perdonarte.

Pensando en los rincones donde nos hicimos uno

Los bancos donde alargábamos los minutos con "un cigarro
y me voy"...

Y ahora deseando no volver a verte, con los dedos cruzados
a mis espaldas.

Aquellas donde dibujabas tu huella con uñas de gel.

Que se acabó todo aquello de despertarse temprano, para
ser yo quien empezara tus mañanas...

Que no mentí cuando juré no volver a verte y fue el mundo
quien se puso en mi contra...

Resistiendo a entrar en tus perfiles y tenerte de nuevo frente a frente.

Que estoy cansado de hacerme el duro y no preguntar por ti a nuestros amigos en común,

que por supuesto que quiero saber de ti y mandarte saludos, besos o abrazos como antaño.

Que quiero reconocer en persona lo que aquella canción me enseñó y fue por ti...

"Que de amor también se puede vivir"

"Que de amor se puede parar el tiempo"

Aquel tiempo por el que hoy dejé de ilusionarme y por lo que hoy me sincero contigo como nunca antes lo hice.

Que si te odié fue por no llorar delante de los demás.

Que siempre te quise y eso no cambiará por nada, lo prometo.

Que me encantaría tener la fuerza de verte y poder desearte lo mejor.

Que me tienes para cualquier cosa.

Que volvería a nuestros abrazos más fuertes.

Y espero que nunca deje de brillar aquella sonrisa que tanto me costó sacarte.

Adiós, A.

Por y para todas

Por aquellos que me quieren o en algún momento me quisieron.

Por los que me odian

Por aquella gente con la que compartí mi mejor cara y la que vivió la peor de todas.

Por y para mi familia, que sabe de sobra que soy más de hacer y escribir que de decir.

A todas mis amistades, desde la mejor hasta la peor.

A quien algún día me hizo sonreír aun sin saberlo en un mal día y viceversa, aunque no me conociera de nada.

Por y para todas aquellas personas que se cruzaron por mi vida, aunque fuera en la calle...

Gracias por existir y formar parte de mi viaje.

Por ello hoy estoy aquí, orgulloso de estar en todas vuestras vidas.

Reflexión

A ti, seas quien seas.

Ambos nos encontramos en el final de una etapa. Sean cuales sean los textos con los que más te identifiques, no has sido el/la único/a que ha vivido algo similar: el mundo no termina en eso.

Si crees que no has aprovechado el tiempo para lo que realmente quieres o querías, enhorabuena, nunca es tarde...

Si no eres capaz de hablar con la familia, amigos o pareja... Te recuerdo que esa fue la principal razón por la que hoy tienes este libro en las manos, así que siempre puedes escribir.

Quiero agradecerte de corazón que hayas llegado hasta aquí, aunque sea con trampas... Este proyecto lo tiene todo pensado, ni los textos fueron escritos porque sí, ni el título fue elegido al azar.

Como en la vida, desde el punto de vista de mi viaje, esta es mi forma de ver y vivir aquello que ya pasó.

Aquí, como habrás comprobado, me desnudo delante de ti, te conozca o no, porque entendí que como más fuerte se hace una persona, es cuando menos secretos esconde.

Muchísimas gracias por estar al otro lado del papel y confiar en este libro, espero que te guste tanto leerlo como a mí me gustó escribirlo.

Pd: no me lo eches en cara si te he sacado alguna lágrima.

Seguimos en contacto…

Por si no me conoces o no lo sabías, también soy actor y modelo. Pero ese trabajo lo subo a mi perfil de Instagram, así que si quieres saber más de mí, sígueme en @davidsalaiglesias

Y también puedes seguir las novedades en @casicienflechazosdecupido

Si te decides por ello, no dudes en subir una story del libro mencionando cualquiera de los perfiles para que sepa tu opinión.

De nuevo, ¡muchísimas gracias por estar ahí!